DOS MUJERES

MAGALI ALABAU

DOS MUJERES

Proemio de Carlota Caulfield

editorial **BETANIA**
Colección BETANIA de Poesía

Coedición del
Centro Cultural Cubano de Nueva York

Colección Betania de Poesía
Dirigida por Felipe Lázaro

Portada: *Die Masken*. Pintura de Sylvia Baldeón, 2001.
© del Proemio, Carlota Caulfield, 2011.

© Magali Alabau, 2011
Editorial Betania
Apartado de Correos 50.767
Madrid, 28080, España

I.S.B.N.: 978-84- 8017-302-5
Depósito legal: SE-7068-2011

Imprime Publidisa

Impreso en España - Printed in Spain

Proemio

EN EL CENTRO DEL TELESTERION: *DOS MUJERES* DE MAGALI ALABAU

Well, of course, we are meat, we are potential carcasses.

—Francis Bacon

La obra de Magali Alabau es siempre sorprendente y desasosegante. Reconocida como una de las autoras más transgresoras de la literatura hispana actual, esta poeta cubana, residente en Nueva York desde 1967, es autora de una obra devastadora y alucinatoria. Su poesía se caracteriza por trastornar todo punto de referencia establecido, transgredir cánones y crear dimensiones esperpénticas a partir de la paradoja, la ironía y el humor negro. Alabau es una poeta expresionista tardía, y también pertenece a la tradición de la poesía confesional. Su obra, como la propia poeta ha señalado en diversas ocasiones, es un testimonio íntimamente ligado a su existencia, basada en sus vivencias y memorias.

Después de dieciocho años sin publicar un poemario, Alabau nos ofrece *Dos mujeres*, un libro extremadamente complejo en el que están presentes las huellas de *Electra/Clitemnestra* (1986), *La extremaunción diaria* (1986), *Ras* (1987), *Hermana* (1989), *Hemos llegado a Ilión* (1991), y *Liebe* (1993), sus poemarios anteriores. *Dos mujeres* se estructura sobre la base de un fluir de conciencia caracterizado por preguntas de tipo filosófico sobre la identidad del ser.

En este libro, Alabau nos invita a ser espectadores de un drama alucinatorio-ritual marcado por eventos de trascendencia personal. La contextualización del pecado, la venganza y la reconciliación del ser consigo mismo y con su historia familiar, se articulan a partir de un proceso de reflexión plurivalente.

La voz poética de Alabau se adentra en su interioridad y se lacera. El discurso del "yo" enfatiza una persistente marginación-afirmación de la identidad humana. Un nuevo orden del desorden se impone aquí y, si queremos participar de la intensidad de la representación y escuchar la intrincada oralidad de Alabau, debemos dejarnos confundir y componer, a medidas que leemos, un collage de una poesía que se destaca por su desintegración. Las vivencias subjetivas de la conciencia poética se intensifican con el lenguaje. Predominan en este texto-poema los verbos de movimiento (atravesar, moverse, blasfemar, gritar, aullar, escapar, traspasar, correr, perseguir, ir y venir). La voz poética dice no a la palabra fácil y serena, y sí a la carga contra la expresión tradicional para descuartizar el lenguaje y enfrentarlo por limitante y ajeno.

Alabau acostumbra a interrumpir el discurso poético en momentos de tensión emocional, y esta técnica se enfatiza en *Dos mujeres*. Sarcástica y desesperada, la autora nos transmite una pulsación arrítmica con la que pronto nos familiarizamos. Le damos la bienvenida al vértigo y junto al "yo" poético nos desgarramos y gritamos.

Se recogen en estas páginas la violencia sicológica y física, el placer de la venganza, la alienación existencial, el exilio, la lucha entre la locura y la razón, la pasión erótica, y la profanación del orden. Sin embargo, el axis sobre el que gira este poema largo es la reflexión de la poeta sobre su alter ego, su *doppelgänger*, su doble andante, su alma gemela malvada, perversamente juguetona, y sobre todas las cosas, imprescindible. Esta obsesión de la poeta por su encuentro con "la otra" la identifican con una importante tradición literaria en la que Donne, Shelley, Goethe, Rimbaud, Artaud, Fijman, Borges y Pizarnik son algunos de sus más relevantes exponentes. En *Dos mujeres*, Alabau se busca en la alteridad y se confunde con la otra que inventa, su reflejo la persigue, lo deja atrás pero siempre vuelve a caer en la trampa de la otredad irreconciliable:

Las dos mujeres son las misma
pérfida cara de su exigente
yo envalentonada,
llenando de aire las orejas,
creciendo la pechuga en ese pecho
donde sale la otra, la huérfana que cae
entre las piedras que dejan cruzar hacia el peligro. (*Dos mujeres, 15*)

Para Alabau su sosias es monstruo, bestia, diablo, bruja, esfinge, ángel sin cabeza. El "yo" se transforma y se disfraza constantemente. Tampoco cesa de mirarse al espejo, de abrazarse a él, de besarlo, y de construirse "su nuevo yo", llámese Lex Barker, Boadicea, Juana de Arco, Ifigenia, Sigfrido, o Lulú de Montparnasse. También se identifica con las Furias, Erinias o Euménides, las de cabeza de perro, alas de vampiro, y cabellos de serpientes. Celebra los desvaríos de las Ménades, y con ellas se aparta del orden regular, se viste de yegua salvaje, y practica simbólicamente en su éxtasis el desgarramiento de sí misma, se devora y después se vomita a sí misma.

Pero el clímax de todo este texto-poema se revela en la constante lucha por alcanzar una reconciliación, fundamentalmente sicológica, con la madre: "las amantes que son madre/hermana/amiga, que son también ese paraíso perdido para siempre infancia/regreso/Cuba, conviven diáfanas en unas narrativas del 'yo' que olvidan cualquier apresamiento en términos espacio-temporales o sujeciones a una voz monopolizada por un único hablante" (Cuesta 111).

En *Dos mujeres*, no son casuales las referencias a los misterios de Eleusis, por ejemplo. *Dos mujeres* perfecciona la repetición cíclica, característica de la tragedia griega y transforma, como en mucha de la poesía de Alabau, "los significados patriarcales de los mitos griegos, y forma una poética de unión entre mujeres" (Martínez 91). Alabau cambia el mito de la madre Demetria, diosa de la vida y la fertilidad, en busca de su hija Perséfone, secuestrada por Hades, el dios de la muerte y el inframundo. El misterio eleusino que quiere celebrar la poeta es el de una hija adentrada en los laberintos del pensamiento humano, el yo poético, que se lanza a la búsqueda de la madre. Las reliquias de la madre y su memoria son fuente de regeneración, pero aún más de destrucción y caos.

Los espacios de este texto son interiores y exteriores. Los espacios interiores sicológicos están estrechamente vinculados a la casa familiar. La hablante de Alabau privilegia encierros, silencios y sacrificios personales. Los desplazamientos geográficos enfatizan la condición del sujeto marginal en diferentes ciudades: Creta, Roma, Venecia, y Nueva York son importantes presencias en el texto. También Alabau nos ofrece en su obra una impresionante galería de imágenes sensuales. Sin embargo, la desesperanza, la irracionalidad y las grotescas distorsiones predominan en *Dos mujeres* y se unen con una íntima fascinación por el ritual del sacrificio.

La escritura de Magali Alabau bien pudiera relacionarse con la obra plástica de Francis Bacon (1909-1992). ¿No es acaso el grito visceral de la voz hablante de Alabau muy similar a los aullidos simbólicos de las monstruosas criaturas de Bacon? ¿No tiene acaso la desgarradura de la figura humana en la obra de Alabau la vulnerabilidad de los desnudos de la criatura humana vuelta primate y bestia en Bacon?

No puedo evitar esta asociación.

Mientras escribo estas palabras preliminares me transporto de nuevo al Museo Britain Tate de Londres. Es el año 2009. Me detengo frente a dos cuadros de Bacon: *Three Studies for Figures at the Base of a Crucifixion* (Tres estudios para figuras de la crucifixión, 1944) y su *Triptych Inspired by the Oresteia of Aeschylus* (Tríptico inspirado en la Orestiada de Esquilo, 1981), y siento el mismo puñetazo visceral de los absurdos, las indignidades y el *pathos* de la existencia humana que siempre me ha dado la poesía de Magali Alabau. Dejo esta relación esbozada como referente a la enorme complejidad de *Dos mujeres*.

Este libro de Magali Alabau es, como toda su poesía, "el monólogo bestial y nostálgico de la criatura humana, que padece la ineluctable condición de exiliada. No exiliada de un país (algo que en definitiva resulta meramente anecdótico), sino exiliada, despojada de una armonía ancestral que la autora intuye y que el panorama visible parece ocultar tras un escenario aparentemente infinito de miserias y deterioro" (García Ramos 19).

Dos mujeres es un texto de transgresión que se articula a partir de procesos de visiones y pesadillas. La obsesiva reinvención que hace Magali Alabau de la agonía del dolor sicológico y físico es su discurso por excelencia. Provocadora, irreverente, iconoclasta y rebelde, la poeta en este libro revela, en definitiva, la fragilidad del ser humano. Esta poesía penetra directamente en nuestro sistema nervioso y lo estremece.

Carlota Caulfield

Obras citadas:

Cuesta, Mabel. "Poetas cubanas de Nueva York: Pasajeras indómitas en el carro del sol", Felipe Lázaro, ed. *Indómitas al sol. Cinco poetas cubanas de Nueva York. Antología crítica*. Madrid: Betania, 2011. 111.
García Ramos, Reinaldo. "Sobre dos libros de Magali Alabau". *Linden Lane Magazine* 6.1 (1987): 19.
Martínez, Elena M. "Poética del espacio en Alabau, Galliano, Gil, Islas e Iturralde", Felipe Lázaro, ed. *Indómitas al sol. Cinco poetas cubanas de Nueva York. Antología crítica*. Madrid: Betania, 2011. 91.

Carlota Caulfield ha escrito extensamente sobre la obra de Magali Alabau. Entre sus ensayos se encuentran "Exilio, subversión e identidad en la poesía de Magali Alabau" (*Middlebury College Review*, Spring 1994: 40-44), "Texturas de caos: las representaciones de la ciudad/el cuerpo en la poesía de Magali Alabau" (*Monographic Review/Revista Monográfica* 13. 1998: 380-383), y "Nueva York en la poesía de Magali Alabau" (Julio Ortega, ed., *La otra orilla del español: las literaturas hispánicas en los Estados Unidos. Ínsula* 667-668 (2002): 13-16). Caulfield es también la editora de *Web of Memories: Interviews with Five Cuban Women Poets: Magali Alabau, Alina Galliano, Lourdes Gil, Maya Islas, Juana Rosa Pita* (San Francisco: Eboli Poetry Series, 1997) y de *Voces Viajeras: Poetas cubanas de hoy* (Madrid: Torremozas, 2002).

Doy las gracias a Iraida Iturralde, poeta y editora, por la lectura y revisión del texto de *Dos mujeres*, así como por sus valiosas sugerencias.

Oirás el trueno y te acordarás de mí.
Pensarás: ella quería tormentas.
Los bordes del cielo serán de un intenso color rojo.
y tu corazón, como entonces, arderá en llamas.

ANA AJMÁTOVA
(Traducción de Lourdes Gil)

I. Al espejo vuelves

Las dos mujeres son la misma
pérfida cara de su exigente
yo envalentonada,
llenando de aire las orejas,
creciendo la pechuga en ese pecho
donde sale la otra, la huérfana que cae
entre las piedras que dejan cruzar hacia el peligro.
Una levanta el brazo en casi aquel un saludo conocido,
la otra, camina insegura hacia la guerra.
Paso mal dado, aun así, es obra suya extirpada desde adentro
con tripas, corazón, susurros, latitud de dos.
Una sale horrorizada del aire o del viento o de la racha
que tumba los arbustos, la otra, se encorva señalando
la vuelta a la manzana, el radio con noticias repetidas,
el caldo ácido que saborea la llama innata de purificación.

Voy a darle de comer a mi monstruo.
Alto, salvaje, con pelos desollados de bacteria,
máscara de hojas pegadas en la cara.
Oso monstruoso que rescalda sus nalgas en esa poca
agua acumulada, inmunda verde, apretada entre las piedras grandes;
las pequeñas se cuelgan de sus labios mientras de lejos saliva
la pútrida comida que le llevo.

Tu amor de esfinge, exaltación y seguro de vida
me conducen a un pequeño infierno de piso cuadrado,
anfitrión que debo lamer a cada rato pues me acuerda
una muerte permanente y diaria. De reojo te miro,
qué altanera, qué larga la cola, qué pico tan cerca de la cuchilla
o la tijera cosiendo mapas para mi entendimiento,
dictando la voluntad de un diablo diminuto,
la fiel claridad de tu mandato.
Efigie que has prometido sorpresas ocultas,
regalos proféticos mientras limpio las telúricas paredes
de tus manos, rodeada aún de telaraña mustia y moho,
apagada de objetos, me ordenas bajar más la cabeza.
¿Cómo atravesar las piedras diariamente, darle fe a mi monstruo,
descender sin miedo a lo salvaje? Angularmente te percibo,
me sorprendo de cómo apuro el paso y me concentro en huellas
diletantes que se mueven porque no existe resistencia.
Y ¿si me caigo? ¿Me esperaría la trinchera de agua
que entrecruza el camino?

Qué importa si duermo al otro lado del perfil de la luna que invita
desajustes, qué importa si me quedo esperando al monstruo
que no llega, a la vieja profecía de identidad y trance
que pude cultivar en ratos lúcidos, deslumbrantes ojeras.
Allí, del otro lado, te sientas a observar ese baile nocturno.
Allí, sin tanteos, con saya y botas tu decisión despierta al salto.
Te desquitas, tú soberana, yo sin ternura,
con las mismas cataratas de mentiras,
cubriendo de celofán tantos abominable actos.

Si dios, lo odio, si mujer, su cómplice.
Todo alrededor tiene su esencia en este planeta tan binario.
Su alimento, esos paisajes derramados de abismo y plasma.
Me ahoga saber mi descendencia,
pretendo como otros vivir paraísos,
qué propósito maldito a cada paso, quién no sabe,
no conoce, no atiende, la medida del velo
tan largo o tan corto a la mirada.
Mi otra conspira.
La blasfemia, un regalo,
admisión de la felicidad,
un gasto necesario de vendas.
A este dios malsano lo repaso en su
conciliación naturaleza,
áspera barbarie lanzando el viento
contra hojas,
ráfaga de metralla brutal.
Hipócrita, —me dice,
expulsada del paraíso,
convertida en serpiente,
vestida de bruja
de ángel sin cabeza
desplazada en el altar
infamia
herida de transgresión
enumerando crímenes,
oraciones que invocan al maldito
que no avisó
tu nacimiento

y que tu ida resguarda.
Dar gracias al cabezón.

Tanto tiempo aplastando
los gritos, la blasfemia, la divina locura
de sus concursantes.
Las furias no pudieron sentarse en
esos tronos truncos ni someterse al traspaso
de esa brutal naturaleza.
Se ajustaron al nuevo orden
medieval y gauchesco.
Para siempre se sentaron a llorar y a llorar.
En el borde, la mayor de las Pléyades
augura fluctuaciones de la culpa.
Arremeten una contra otra
fugaces crecientes
de lodo y llovizna.
Se amigan con la lagartija que sale de la ducha,
o la bestia ratón que invita a la coartada.
Crecen sin fin las uñas del letargo.

En balde aullar,
nos arrastra poco a poco
midiendo cada fisura y cambio,
retocando la figura,
aumentando sus faltas,
estrechando las ligaduras del abrazo.
Luego de no escapar al espejo
reconozco a la otra.

Se ha vuelto matrilínea,
senos múltiples perforados
por el miedo, esa naturaleza muerta
que te come, te avisa de la eminente
espera, la guillotina concluyente
sin nombre, o la cuerda que aprieta
poco a poco tu cuello.
El garrote, el espejo que avisa.
Mientras miras esa separación
de yo y esa, la irreconocible espectral
ha tomado posesión de tu persona.
Te ha engañado otra vez en escala mayor.
Te ha dejado su vientre, más agallas,
el ordinario fruncir a tus debilidades,
tan humanas, tan tiernas y tan sanas.
Se ha erguido otra vez con sus cuentos
de sabiduría, una plaga hacinada en tu cerebro,
abierta al asombro de sus detractores.
Es esa naturaleza que me hala al otro lado
mostrándome el ardor del fuego
que repara la planta
que muerde al asno, al cisne,
a la abeja que despierta
y después, deshecha,
reaparece en la ventana.

En Creta, en Roma
antiguas catedrales
de la triple musa,

y en otros pueblos no tan sofisticados
se practica el misterio
de Eleusis o Deleite.
Vestidas de yeguas
son mujeres todas las
que llevan al toro por los cuernos.
Al pobre lo reviran al corte de la soga
retorciendo los ojos
en divino terror.
El círculo drásticamente
se estrecha.
Mugen
y con astucia y machete
una traspasa el corazón de la criatura,
otra acomoda el cuchillo en la barriga.
Vara blanca metálica recta
se menea tres veces,
gira tres hacia la izquierda
gira tres a la derecha,
el chirrido de la sangre
borbotea.
La lava luz ámbar
proyecta mi silueta
recostada debajo de la vaca.
Las Ménades aplauden,
en manadas
se agachan y se arrastran
chupando el caldo rojo.
El desplomado cuerpo

aún temblando
sobre mí se aploma
y se desploma en yo mi espalda.
Qué augusta sensación
caliente y agitada
me abre la pendenciera boca
de las piernas.
Y su rabo,
en su última explosión
se injerta y rebusca y rebuzna
como un trueno.
Unos segundos dura
esta martirizada unión.

Así fue mi nacimiento,
así la redención del doble,
el ritual que me invita a vivir.
Ayer yo fui romana
de Creta núbil victimaria.
Hoy se llevan al toro
vestido de gasa y de violeta
el rapto o la ruptura.
Sale su camilla entre las lanzas
de estas moscas astutas compañeras
sellando mi puño al tiempo
de otra dimensión.

Corre, corre.
Salta, vuela la distancia.

Sé más ágil que el potro
que montaste en la batalla.
Más ágil que las mensajeras águilas
del escuadrón y de tus pasos.
Sigue la luz de la noche
persigue las nubes marinas.
Corre corre venado,
las flechas de tu ama
compiten por tu piel
virginal y acosada.

Corre, asimila el
vuelo de la liebre,
enormes caravanas
hasta el mar te persiguen.
Pero no tengo respiración.
Pero ahí estás.

Dos tarjetas de crédito
envueltas en la sábana
redondean porcentajes,
entidades gastadas
mientras tu pesada pierna
se despide de la cama.
El cuarto inundado de papeles,
matrimonio pudoroso de la noche.
Cajas sobre libros a tientas abiertos
se ajustan a la injusticia del desorden.
Es hora de ponerse el armario

en la cabeza,
registrar los establos,
darle de comer a la tigresa,
al ocelote,
al decadente dúo de los pájaros
que registra las gavetas.

Corres
para encontrarte con el día
que te mostrará feliz
la escaramuza de ayer
porque no has ido.

Ese ir y venir en la materia
esa esterilidad de las mañanas
en que el peso del cuerpo
me hace lenta
y los ojos se ocupan
de cada pequeño gesto
de los muebles, del temblor
de la cáscara de cal precipitada
sobre este piso de coral.
Esta materia perniciosa
que da hambre a todas horas
es prima que repite
el eco de noticias
ebrias de sensación
y cementerio.

El uniforme gris
la hacía mover de un lado a otro.
Los apretados labios probaban su balance,
su larga nariz olfateaba la guarida,
la piel en cuclillas
denotaba la textura del papiro.
Así mientras limpiaba el piso
de la casa, de su casa, de otras casas,
de oficinas en la Quinta Avenida
de oficinas tan cerca del museo
pensaba en no ser reconocida.
No quería encontrarse con esa cara familiar,
un rostro atento disimulando pena.
Antes de entrar o salir del edificio
se cercioraba de su sombra.
Un día subió los escalones,
42 pisos,
nada tan revelador
como el ascensor de las cinco.

Tiene fiebre la Polaca.
Y ese día por desgracia
tiene que contar los basureros.

Siempre para ella fue el presente.
No pudo contar con el futuro,
ni siquiera
el pan de la mañana.
El miedo había estropeado

todas las ilusiones.
Acaso, ¿tuvo alguna?
Se arropó.
Mirando cada rincón
tuvo nostalgia de ese espacio
no perteneciente.
Encima, una tabla,
en la bañera, la mesa
llena de rigor y de papeles.
Suspiró pues no quedaba
más remedio
que erguirse ante la tempestad.
Se retocó la cara
en el espejo sucio o viejo.
Comenzó a preguntarse
como un Hamlet afligido
¿Esta soy yo o no soy?

Calles grises,
cuadrados de pequeños hundimientos
de aquí y allá.
No encuentro un rostro que me sirva.
Todos andan
apurados,
enmascarados
en sus nuevos abrigos.
Giran como hormigas,
destilando un resentido ardor
al tren que ya aparece.

Ni para esto sirvo.
Ni para eso sirvo.
No sirvo para limpiar el piso
ni sacudir el polvo
ni comer telarañas.
No sirvo para bañar
a la decrépita, mutilada
generala que encontré
en un aviso del periódico.
Tampoco —¿cómo tan inteligente
no sabe ni prepararme el baño?
Tiene manos de pelícano.
¿Usted no sabe lo que es pasar
al cuerpo una toalla?
No sabe que aquí hay
dos espacios
y aquí, mire, sólo uno.
Creí que estaba usted más preparada.
Su resumé decía
que tecleaba 40 palabras
por minuto.
Y cuando llego a casa
con tanta vergüenza acumulada
con tanto temor o terror
con tanto horror
a la vida
siento un espacio vacío
ni siquiera blanco
un espacio sin nube

sin niebla,
recalcitrante,
un fracaso
donde las palabras no me salen
como si estuviera frente al paredón
o ya ejecutada
vacante,
al fin inerte.

Allí
donde espera una piedra
para aplastar la nuca
y después un cuchillo
rutilante abriendo el cuello
yo quiero estar.
Para abrazarme a ése
que tiene ojos como yo
boca como yo
nariz, orejas,
que tiene hígado
páncreas, intestino.
Que se desploma
y grita y llora como yo.
Abrazarme a él porque no habla
ni entiende
de dónde viene
ese golpe tan tajante
que marea
que lo hace bailar

ridículo salto,
ese golpe que ciega
que no ha terminado aún
porque ahora viene el hacha
de un dios que lo castiga
y atraviesa.

II. La más heroica de las amazonas

En la casa de Águila
entre Misión y Esperanza
se bautizó con su nombre de batalla:
la más heroica de las amazonas,
la grandiosa heroína
Lulú del Montparnasse.
De un pestañazo
dejó la cama y sus
sábanas gastadas
la mesita de noche, el radio viejo
donde oía bajito – (para no alterar
los nervios de su abuela,
de su madre o de su tío)
Tchaikovsky, Mantovani
Beethoven y Chopin.
Las consagradas voces de
Santiago García Ortega,
Marta Muñiz y Hada Bejar,
Por el Sendero de la Vida,
la novela radial,
la hizo imaginar los aguardados
y brillantes porvenires.
Atrás dejó los impulsos
destructores —como dijera
aquel siquiatra
conversando
después de las sesiones
al cabo merecidas
de los electroshocks o de insulina.

Detrás dejó la
tinta roja, la cuchara,
el pomo de *Benadril*,
y como si fuera poco
el blanco y rancio polvo
para las cucarachas.
Oyendo a Pedro Infante
y a su madre canturreando
árbol de la esperanza
cuánto te quiero yo
comenzó a hacer las muecas
a su doble o al espejo.
Se acercó y practicó
un beso, cómo me besaste,
espejo. Se pintó los labios
y escogió el lampiño rostro
de Lex Barker para su nuevo yo.
Certera, hacia el futuro
con la rama dorada,
saltando o brincoteando
se vio como Tarzán.
Al futuro cantaba
¿Por qué tardas tanto?
Ya yo no puedo más.

Huyó hacia el futuro,
trastornada, al matorral
entre los sapos y
las ranas.

No quiso dormir
ni abrir los ojos al desorden
ni decidir contar injustamente
los objetos que caían
de por sí en su lugar.
Vendrían a pedirle el inventario:
una taza sucia de café,
una fuente repleta de manzanas,
3 limones casi muertos,
una pera verde un poco blanda
y en el fondo
un mosquito
en néctar derretido
espesa baba
de podrida naranja.
La cafetera
con olor a café multiplicado
sin lavatorio
o sanidad.
Todo un proceso
para una taza de café.
Mejor le pongo agua a las borrajas,
un ahorro a la continuidad.
El fogón lleno de llagas
de comida
fideo y grasa
restablecen
el comunal panorama.
He de lavarme los dientes,

saltó como Tarzán.
Y entre los platos sucios,
los sartenes,
los vasos,
escupió la saliva
de la pasta dental.
No sé qué hacer primero,
cómo empezar.
¿Arremeter los calderos
con el arroz pegado quemoliente?
¿O arañar el tambor con grasa de gallina?
Me ordenan.
Me repasan.
Le ponen un poco de jabón
al agua.
Me avisan que no me acomode
que el piso está bastante sucio
cubierto de hojarascas.
Que hay que sacudir
el polvo,
que el churre,
que hay que limpiar debajo de la cama.
Y me pregunto,
¿estoy despierta
o en un gran estupor
aún soñando?

En *Vanidades*
aparecían

las lecturas escogidas.
Corín Tellado,
fue la gran educadora
de la heroica mujer ante el espejo.
Ensayando alguna que otra situación
de la protagonista,
aprendiendo a cubrir
protuberancias
en su cuerpo,
como dijera ella,
aprendiendo a callar
en el silencio.

Así apareció la enigmática figura
con espejuelos negros,
recostada en la baranda,
el aeropuerto,
el pañuelo en el cabello,
esperando un avión.

Fue esa mujer
febril en sus saludos cordiales y en su espera
la que le dio las ansias
de vivir.
Cuando de noche
emancipada
queriendo dormir
llegaba el reproche de la otra
a manera de silbido

entrecruzándose entre el
corazón y los pulmones
esa débil respiración
ese ancho ruido
palpitaciones que crecían
en el cuerpo abandonado
cercado de reproches
aura que repetía
la otra, bastión de los guerreros,
hay que seguir,
amiga, hay que seguir.
Tienes que construir un puente ancho,
hay que luchar.
Róbale el vestuario a
Boadicea,
tienes que combatir
esa impaciencia.
Como Juana de Arco
invertirte de hombre,
montarte en un caballo blanco,
no importa que te quemen.
¿Te acuerdas de esa feliz visita
a Rouen con tu amante más amada
y más querida?
Tomándote un café en la plaza, ahí donde
ardieron tantas llamas
donde viste los troncos y las ramas
la madera, el carbón
las voces señalando a

Santa Juana la Bruja
Santa Bruja la Juana.
La luz resplandecía
pero la oscuridad
no la entendía.
Esa oración
abrupta escalofriante
abrió el cuerpo en dos tajadas.
Esa fe de Juana
ese galopar de sus dos ojos
tan brillantes
esa imagen.
Pura fe
el defender el mobiliario
de otro mundo.
Esa luz
desmintiendo tu apatía
y la innoble fuente del deseo.

Después de soñar
que nos dábamos un beso
un aviso o profecía
te busqué en ese mapa
denso donde una se mueve
al bastón del ciego
que camina
donde hay malentendidos
erratas que atraviesan
la distancia y escrupulosamente
tachan lo soñado.

El mal
se mueve como la serpiente
la que tú y yo
hemos contemplado.
Apetece la fruta
pero no le apetece,
la ofrece.
Mientras vierte el veneno,
los celos,
la envidia,
la violencia insípida
aparecen.
La primera mordida
te hipnotiza
te estrecha en los brazos
mortífera,
te transfiere a los imaginados
universos, te fascina.
Esa serpiente te ha dividido
en dos mitades
una que te controla
la otra que se expande.
Nunca te dará la
permanencia que tú buscas
porque las dos
respiran diferentes aires.
La fascinación
por la otra y la otra y la otra
es sólo paisaje

de rostros diferentes
haciendo que te vistas y desvistas
delante del espejo.

Nunca entendió por qué a los fariseos
fue vendida.
Nunca entendió la noche
donde la valija acompañante
llena de mentira y de sorpresas
la tiraría en un ómnibus
con una caravana de infieles musulmanes.
Detrás del cristal, la ventanilla
daba vueltas entre semáforos
escasamente reiterando
lo lejos que se iba.
El mundo contenido
en una maleta escasa de recuerdos.
¿Qué se siente cuando no sabes dónde vas
cuando una mano extraña
te voltea hacia la puerta
y te arrastra hacia el olvido?
¿Qué haces cuando el frío te atraviesa,
ese temblor que comienza por el pecho
y se asienta en la punta de los dedos
que en oleadas
te vuelve y te revuelve
en el asiento?
No te dieron permiso para
decir adiós a tus juguetes

o guardar tus patines en su sitio.
Como soldados en luto
esperaron pasaras
sin tocar la maleta para la buena suerte.
¿Quién propuso el despojo?
¿Quién ordenó esa marcha tan lenta
hacia el cadalso?
Oh, Ifigenia,
¿qué ómnibus te espera para llevarte
hacia el aprendizaje de la piedra?

El viaje
hacia el mundo, allí llegas,
te recortan
y te visten con las ropas usadas de otras
que se vistieron de otras.
Te borran la parte más feliz de tu memoria.
Era ofensa guardar
momentos de otros tiempos.
Te tiran la cuchara
un plato, pan y sopa.
Te dicen que la carne se corta
con los dientes
que no hay tenedor
que no hay cuchillo.
Te dicen, si no aprendes
el nuevo lanzamiento
comerás el pan de cada día con los dedos.
La comida nunca está caliente en esta casa.

Que no compares, digo.
Te digo, no compares.
Es pecado mortal mencionar que
fuiste otra persona.
Este es tu uniforme desde ahora:
un par de piyamas
estas chancletas viejas
este cuarto pequeño
con el colchón manchado.
En la ventana
ocho barras de hierro.
No hay luz.
Sólo esa fea que sale por el techo
donde se prenden los percheros,
donde las moscas se pasean
donde un sapo se pega a la madera.
Ahí te quedas
y después de algunos días
la memoria te falla.

Aquí hubo un cambio de escenario,
un cambio de equipaje.
Tacharon tus datos
y tus direcciones.
Te dieron un abuelo cojo
cargado de un saco de malanga
y su cojera
caminando entre los rieles del tren
eternamente.

Te asignaron un tío
siempre enseñando la correa.
Un domador
entre tantas mujeres,
tantas fieras como diría él.
Te dieron una nueva abuela,
canaria experta en trillar
el cuello a la gallina.
Su piel era tan gruesa
y tan manchada.
Un lagarto de casa,
una tortuga
que tiraba los platos
maltratando cacharros,
que tomáramos la leche
que no estaba caliente
y cubierta de nata.
Era una de las cuantas enemigas.
Conspiraba con otros personajes
de la puesta en escena:
la madre, tus tres tías
y tus primas.

Tú y ella
empujan el deseo
que desliza la palma
de mi mano a tu cintura,
a la noche festiva,
hacia el baile,

cadencia de tu cuerpo
haciendo mi lengua
miel y sal.
Nuestra piel trasnochada
en radiante amanecer
creó el tiempo
sin pensar,
el de burbujas de champán,
pluma y papel.
El que recordarías con nostalgia,
el del perfume de tu rostro
mezclado con el mío.
Cada roce de piel
el gesto devorado
entregándose
a las horas,
a las sábanas blancas,
queriendo retener
el momento,
no ahogarlo.
Pero siempre sucede,
es el sagrado ritual,
real mitología del espejo.
Corres con el instante
tratas de repetirlo tantas veces
que enferma lo devuelves.
Antes de emprender la fuga
los sentidos se esconden
y lo roban una vez más.

La repetición asienta sus tacones
y devuelve
el tiempo amortajado.
Cada repetición
te acerca a sus exequias.
Todo lo da,
todo lo quita.
Aún no sabes
cuál punzada amenaza
al corazón,
no entiendes el don que has recibido,
esa herida mortal,
esa flecha enterrada en el abdomen,
la insaciable obsesión de tocar una vez más
el instante.
Quieres morir,
no dejarlo escapar,
al espejo vuelves
retorcida, acechando
la ventana
a ver si está.
Tu vida se consume
esperando por el rato de
eternidad que fue prestado.
Los días pasan,
las semanas, los meses,
espías la calle,
inventas los encuentros.

Si encuentras la ilusión
la encontrarás ajena,
no se acuerda de ti.
Le sonríes con el rictus de los desesperados.
Mientras ella prepara la carnada,
tus celos llegan,
la enfermedad se agrava.
Si una vez más pudieses convencerla.
Pero mientras más ruegos
más la arrogancia del mágico espejito.
Te expele hacia la calle,
te arroja delante de los carros.
Te golpea.
Por fin entras al túnel,
al largo recorrido
de la noche hacia el día.
El tiempo enmudece,
te corta las orejas.
El secreto —te dice,
es renunciar. Y en renuncia
entierras al deseo.

Se cerraron las puertas,
se taparon los hoyos
y se puso estopa en las hendijas.
Dijeron que la enfermedad
no escaparía si la muralla era
de cal y de cemento.
Se abarrotan los fantasmas

en los sueños, se reúnen en la boda
donde al pasar grito
es toda una mentira.
Los invitados se alzan
en defensa de la majestuosa
Reina de la Casa.
Se entrelaza hoy con el viejo hurón
de la pandilla,
el que pronto le sacará la hiel
de abeja reina y se hará Rey.
Viviremos en el enjambre,
esclavas.

Certificada está la defunción.
Los sellos yacen preparados.
Si pudiera desprenderme de los sueños,
de los tantos detalles
de ese último encuentro,
de tanto objeto nulo,
de tantas boberías
compradas por capricho.
La materia sucumbe,
los objetos vueltos testimonio
parados en el cuarto
no te dejan ir, te echan.

Una está muy débil,
y a la otra arrastra como puede.
Una está vestida con una larga túnica,

a la otra le han tirado
un pedazo de colcha para el frío.
Tropiezan con espinas y con ramas.
Las dos están descalzas.
Se sientan en los troncos de algún árbol
desplazando las estrellas para auscultar el cielo.
Mientras una camina lentamente
con el peso de la otra en sus espaldas,
la otra le recuerda la cara del Buda que pintaba,
las palabras en aquellas postales ya amarillas,
los tiernos animales que atendieron las dos,
la jaula de los pájaros,
las canciones cantadas a la luz que escapaba.
Las dos saben que una tendrá
que ser abandonada
en la intemperie más tarde
o más temprano.
Pero todavía no,
no todavía.

Cruzan el monte estéril del invierno
y descubren los huesos
entre tantos entierros de las piedras.
Una está muy débil.
Dos asnos,
dos mulas,
dos entidades
cada vez más cerca.

Las calladas siluetas
han puesto anuncios en los postes
de la ciudad fantasma.
Han pintado de rojo las esquinas
con flechas que indican
por este lado no, el otro.
Los animales del establo
abandonados miran
con la condescendencia
de la resignación.

Las mulas siguen sin hacer mucho caso.
No hay ni angustia, ni desesperación,
sólo la condición de espera
inalterable y firme
que nunca fue elegida.
No obstante hay que comer,
hay que tomar agua y aire
para el peregrinaje.

Allá lejos
se ve el humo de ofrendas
para apaciguar desconocidos dioses.
Sin piedad las aves han dejado las nubes
robándoles el miedo.
Todo tan fácil era,
todo lo que fue posible
se torna delicado
y frágil.

¿Qué es una mujer
o un hombre ante la ira
de las olas que no se contienen en el mar?
Olas que vienen maldiciendo la arena
suculentas mesiánicas devuelven
habitantes marinos, los soldados del agua,
los testigos de la ruptura del coral,
los vidrios rotos de ventanas submarinas.
Los abandonados peces saltan en la orilla.
No podrán siquiera sofocar el hambre del mendigo,
el hedor los hace escalas eméritas del viento.

Las culebras vuelan del desierto,
bajan de sus cuevas
al menor escape del azufre,
por montones se arrojan en el mar
ahogadas son devueltas por las olas.
El mar no quiere habitantes de otros lados,
sólo recibir los cuerpos.

El sulfuro no espera,
aunque todos esperamos
su ruptura.

Muchos se han ido a esconder
en los trenes subterráneos.
Han llevado sus termos de café
sus sándwiches envueltos en *foil paper*
naipes para jugar mientras esperan

con teléfonos que no responden
y radios que tampoco se dan a conocer.
Pero el tren tiene todos los asientos ocupados.
Esos que están sentados piensan que en algún momento,
el más preciso, un milagro ha de ocurrir.
Que como un sueño vuelto pesadilla
el universo volverá a su centro
callado y sin sentirse,
que como un reloj dormido
volverá de repente a dar la hora
que corresponda a esa hora,
a ese día que ellos aún quieren vivir.
Otros se retiran a las celdas
de prisiones vacías
a cadena perpetua se condenan
comiéndose las uñas y con los ojos bajos
calculando los discursos en el juicio final.

III. Adioses diferentes

Todos fueron adioses diferentes
con moldes desplomados cuando una pasaba,
turbios, oliendo a lluvia siempre.
Estaba aquel de una distancia corta
donde no cupo ni siquiera el tacto
ni las palabras perdidas del asombro.
Fue siempre la distancia que no nos
atrevimos a romper,
la cerca
que nos separaba,
un adiós a la noche
un adiós al olor conocido,
al toque de los gestos
a las nítidas cantatas de la
última imagen de un color
después reconocido en el olor lavanda.
Una textura, la tela,
el color tan rojo de los labios
tan pintados para la ocasión
tan fuera de foco sobre el lienzo.

Los ojos los limpiamos con mansa mano y agua,
los copiamos en estos poquitos de memoria
que aún se nos ha dado
con esa inocencia de no saber quién viene
después de la partida
sin pensar en regresos
con esa apertura cada vez más grande
acechando el momento.

Ese adiós que tratas,
ese adiós que tratas de evitar,
el que hace a tus dientes pegarse
y se aferra a la mandíbula,
ese que te deshace el centro de tu torso
y ensancha el punto y parto del dolor
hasta lanzarte a la isla del destierro.
Ese adiós que de evitarse
ha crecido incrustado en el cielo de la boca
y no habla porque no sabe cómo.
Ese adiós sólo tiene espalda y cicatriz
camina con la lentitud de cuarto enmudecido,
no abre la ventana
ni se agazapa para que no lo veas,
exhibe su rebelión,
su ancho ritmo amenazante
señalando la puerta construida
por palabras que no quisieron
negaciones fortuitas,
que hacen a la danza magnificarse
enfrente a mi estadía.
Y solamente queda el anuncio incierto y
mío de los desbarajustes,
la imaginación sembrada en los portales
donde viables escenarios, crujientes
diálogos, se han bifurcado hoy
porque está gris el papel
porque son grises las horas,
gris el día, dilapidado,

enjambre de pocas miserias
que voluptuosas aparecen
y corroen un par de días, meses.
¿A dónde vas, palabra?
¿Qué meditación humana
hace quitarte los zapatos
y querer un puente,
un salto,
una brevedad de tiempo
donde caer
sin sospechar que el agua
te despierta?
¿Dónde encierras el nicho?
¿Qué tierra produces que te ciega?
¿Qué comes, tierra, fango
inercia?
¿Qué parálisis ofreces a cambio
de la nada?
Tienes ojos,
tienes piel que consume
tu rostro trasnochado.
¿Qué mentira desdicen tus fantasmas?
Balbuceos, manos estropeando las páginas,
la certidumbre del adiós de siempre.

Devuélveme la vida.
Hazme nacer unos brazos
que destilen permanencia,
quítame la cubierta
que me encontré en el bosque.

Quítame el adiós de la boca,
quítame el adiós de los días,
el verdugo.
No me obligues
a decir adiós a los pequeños
habitantes de la tierra mojada,
a los rieles del tren
que no pasaron con esos pasajeros
sino otros.
No quiero decir adiós a la cerrada ventanilla
que a tu mano
no me deja tocar.
Ese adiós que sin saber
repetían los cuentos,
que no nos avisaba
sus siniestras intenciones,
que sabía el desenlace,
que no hablaba.
Ese adiós que prepara la mortaja
lluviosa del día,
que es silencio tras silencio,
que no sospecha
los detalles, que convierte
tu pecho en un hervidero
de cal a punto de voltearse.
Si hubiésemos tocado el lado izquierdo,
el hígado y el pecho pulsando
al sobresalto,
la ruptura de yo y de dentro

no fuera posible
ni ese adiós de los cuartos
cuando quedan vacíos
y sin explicaciones
con maletas y maletas
que resbalan.
Decir adiós cuando
las flores del jardín
no se han cuidado
como si el interés
por los detalles
se hubiese
vuelto estéril.
Como si la única forma vigente
fuera la impaciencia.
Vete.
Déjame sin albergue.
Marcha con la ilusión,
con la pena,
lleva el marfil de la aurora
a los brazos de tu viejo amante.
Vete, sácate de mí
como un clavo mohoso.
Vuela al sendero de la luz,
álzate en la vendimia
y regala el vino
a tus recuerdos.
Déjame sin susurros,
sin pájaros que me despierten,

sin jardín con el verde encendido,
sin albergue.
Marcha con la ilusión.
Deja la pena desvencijada,
alguien tiene que quedarse
en la otra orilla
recogiendo las frases,
limpiando las huellas,
colocando retratos en sus marcos,
deshaciendo los cálculos,
los moldes,
inventando escenarios.
Nacer de nuevo
olvidar que fuimos el cuchillo,
la lanza
y el enterrado vidrio.
Olvidar cuando planeamos
la muerte de los otros,
cuando caminamos con pesar
machacando las piedras
del camino,
cuando un solo pensamiento
hubiese cambiado el rumbo
del destino de otros.
Cuán difícil es
ponerse la máscara
del que cortando las cabezas
de los inocentes
se ejecuta a sí mismo.

Y cada adiós otra textura
donde derramas colores ofensivos,
otro poner la cara diferente,
tapar lo tanto conocido
que la separación
extirpa
sin suaves cortes
ni vaivenes,
sin carreteras fáciles
para ese carruaje enlutado
que no lleva aún cadáver.
Es un recoger las fotos,
las memorias,
tambalearse en ese muro
donde amenazas
desaparecer pero apareces.
La partida se hizo de puertas
sin cerrarse,
de llaves no devueltas,
no encontradas,
no perdidas.
¿En qué terreno? ¿Con qué ira?
¿En qué espacio inalterable
que nadie modifica?
¿Quién es el afortunado
que caza el momento,
el que ellos no saben
ni sospechan,
el último eslabón,

el beso más casual,
la palabra no dicha?
¿Quién es el que adivina
ese adiós perpetuo
que encuentras en las huellas
que no existen?
¿Quién es ese fortuito
que tiene el alma líquida,
que casi ya no habla
porque ya todo lo ha visto?
¿Quién es el
que te espera
sin una palabra de consuelo
en cualquier cementerio
del pueblo que visitas?
¿Quién es ese que se ha hecho
testigo,
que no opina
ni maldice,
que se hace pasar
por un mueble callado
o un mendigo oyendo los susurros
del viento?

Ese adiós que fuiste
a darlo con tus buenas maneras
y que sin saberlo
a cada paso
una herida dejó

en partes
que aún no conocías
que existieran.
Ese adiós que llamas hasta luego,
que quisieras fuera temporal
y que sabes, sin embargo,
que es eterno.
Ese que dices dando un beso,
pretendiendo
que no pasarás el horizonte de
la noche
ni del mar,
que los peces no han de mirar
el pasaje de tu entierro.
Que las plantas sin mirarte
han de secarse
porque destilas
la agonía más cruenta,
el salvaje olor
de los desposeídos.
Quién sabe de ese adiós
inevitable,
qué instrucciones recibes
de la tierra
para seguir el cauce,
la misión incumplida
que te han dado.
Tienes que tener cuidado
me dijiste, el discurso,

la tristeza, el perenne insomnio
de los labios
te llevan a la isla de las sombras.
Con qué vehemencia invocas
a aquellos que no hablan.
Ya no sientes la vida
ni los trastos ni el trajín
de la necesidad perenne.

Movióse entre aquellos
recuerdos, personajes
que existieron
por propia voluntad.
Les inventó diálogos,
secretas codificaciones
que ella sólo conocía
y descifraba.
Eran las rápidas fisuras de la mente,
las hendijas cóncavas
donde se guardan las palabras
con ese ilusorio beneficio
que las horas de ocio
regalaban.
No tuvo noción
que una guerra callada
se había declarado
escurriéndose
en la nuca
y los tendones,

que las contradicciones se habían
untado de un betún verde
desplazado de la naturaleza.
Qué veía en la ventana
sino un verde cambiante
que sonaba o gritaba,
concierto retorcido,
pálido y enervante
con sus declaraciones,
sus disgustos,
con monólogos
que ella solo oía,
menesterosos labios
que ya nunca callaban.

Perdiste el color de la resina
en aquel museo de cal
donde sentada
abrochándote botones
de un abrigo imaginario
creías peinar la roja cabellera
desgreñada y hundida en
las mejillas.
Llevabas un vestido,
un cambio de elocuencia,
mirabas las piedras
o las piedras te miraban.
Sí, allí fui
a despedirme

de lo ya despedido.
A herirme de nuevo
con ese cuño injusto
de las fotografías.
A jugar como siempre.
¿Qué es preferible
ir a limpiar con tu escoba
el antro, repartir las monedas
o comprar comensales
que perduren la vida?
Te vas y dejas atrás
lo que tú quieres
porque quieres y quieres
lo que en verdad no quieres.
En esa confusión
eliminas pendencieras criaturas
que destilan amor,
que han crecido contigo,
que llevas de la mano
a algún hueco escondido
de la noche.
Las dejas amarradas
para que no escapen
a ver si por casualidad
cualquiera las recoge.
Pero no hay recogida
ni una muerte tan noble,
está el desgarramiento
de los que no comprenden,

de los que no supieron
que eras la gran jugadora
del tiro a la culata.
Ahí las dejaste
para las inyecciones,
para extraños adioses
de los ejecutores.
Allí las dejaste
pensando que no importa,
lo que es importante
es el glorioso futuro.
Qué importa que las quemen
en una cesta pútrida
donde todas son nada
donde con un ojo abierto una
te dirá que fue posible
que quisieras la muerte.
No, corres con premura,
no te detienes en esos detalles
que te achantan a una sola nota.
Si tengo que matar,
mato.
Si tengo que robar,
robo.
Si tengo que incendiar una ciudad
llena de renglones y de ciegos
lo hago también, así declaras,
la vida llama,
ese absoluto

que es ahora
me tienta y yo sucumbo.
Que mueran otros,
no yo,
yo corro
cuando hay que correr,
yo robo la comida
de los que no tienen,
yo abro las puertas
que nadie puede
porque soy lo que soy.
Sin que nadie me vea
calculo la ciencia
de cómo ganar doble.
No digo lo que pasa en la cabeza,
yo vivo de traiciones
que no me han vuelto amarga,
dilucidan mi estancia
en este pedazo
en que pienso futuro.
Si no tengo poder
nadie me quiere,
si no tengo traiciones
nadie me ama,
si no tengo esas
semillas terribles que apartan lo
inservible y detienen el paso
de los nobles,
nadie tiende su mano.

En este viaje,
Venecia,
pasearé en barquillas
con mosquitos viajeros
perturbando mi viaje.

En esas casas los adioses fueron tantos
que no dieron
el tiempo necesario de arreglar
despedidas.
Corrieron increpando la falta de tiempo
de un lado hacia otro,
de escaleras a balcones
subieron o bajaron.
La hora de irse había llegado
al fin,
o qué
serían aviones,
caballos,
carretas,
burros,
cuál transporte,
qué coartada.
¿Qué lista?
¿En qué última llamada
a punto de decirte
que me iba
miraste con un ojo,
con mi ojo,

me hiciste ver los nombres de las calles,
los minutos que esperamos sin paciencia?
La memoria la abriste
con ese ojo.
No pude más
todo se invirtió,
el paraíso y sus relojes se hicieron infierno,
y el infierno
un rehén del tiempo
que no pasa,
no pude más y te lo dije.
No pude aguantar
la almohada que se desliza
un poco más cerca
cada día,
que me ciega,
que no concluye su quehacer.
Y tu ojo
me deja deshabitada,
un cuerpo recibiendo dardos,
sin fuerza,
sin pausas,
sin denuncias.
Tu ojo me hizo
mantener la postura,
saludar a los héroes,
sus conmociones,
saber que no hay cuidados
ni indulgencias

ni espejuelos
ni *vendettas*
que oculten la angustia que te acecha.
Tu ojo en el camino
es la descolorida impresión
de que el mundo está cambiando.

Me deja.
Me abandona.
¿Y quién defenderá
el honor de los ocasos perdidos?
¿Qué tranquila desolación
inventarás para pintar
el panorama al que no entras?
Allá están los otros
los que no callaron al verdugo
con sus lágrimas caducas
aprendidas en la escuela.
A ellos les tocó el duro viaje
de la barca en el estanque.
No hables,
no retoques la miseria,
aquellos no imaginan otro mundo,
no tienen visitas de los ángeles,
sus visitas son cantos
fortaleza de desdenes.
¿Y si te echan con ellos
en esas prisiones donde todos se
miran como extraños?

Se hicieron amasijos
con el miedo,
tuvieron que seguir al trote.
Para aquellos inocentes
que al mundo festejaron
un pliego de soldados
cumplió con sus misiones.
Ahora tú obedeces
despúes yo obedezco.
A la cisterna obedecí.
Al árbol del tronco ancho,
furioso.

Las hojas mustias
pegadas al pie
declararon la espera.
Yéndoseles el verde
están ahí igual
que yo al borde,
en la ventana.
Sigfrido observando
la marcha triunfal,
esperando esa articulación
mímica de la despedida
que se rinde a su destino.
Enfrente un verde simulando
que no puede ver
con tus ojos de vidrio
la última imagen de certeza,

el sonido,
sostenido temblor
al aspaviento
ante los túneles de seda y de
guijarros.

De la ventana
al verde,
al verde estéril
desdoblándose
en querer y no querer.
No podemos tocarnos
aunque lo intento
y quisiera una vez más.
Has saltado
la cerca en que
yo existo.
Ni siquiera
aunque quisiera
destruir ese ballet
de la rotura
e imaginarme
tu rigidez
el hielo nos devuelve
a mí hacia mí misma
a ti al calidoscopio
de lo que fuiste y
puedes ser.
La cesantía

de los latidos
nuestros
nos separa por un centígrado
de ese coágulo
que ya te identifica.
Al verde te esfumas,
te recoge la menta
en sus brazos aletas,
pasajera inútil
devuelta a sus orígenes,
qué hago sosteniéndote
si no me perteneces.

ÍNDICE

Este libro se terminó de imprimir
el día 22 de agosto de 2011

editorial BETANIA

Apartado de Correos 50.767 Madrid 28080 España.
Teléfs.: (91) 653-99-71 y (925) 78-31-32. Fax: (925) 78-22-41
E-Mail: ebetania@teleline.es y ebetania@terra.es
http://ebetania.wordpress.com

RESUMEN DEL CATÁLOGO (1987-2011)

Colección Betania de Poesía:

La novia de Lázaro, de Dulce María Loynaz.
Voluntad de Vivir Manifestándose y Leprosorio (Trilogía Poética), de Reinaldo Arenas.
Piranese, de Pierre Seghers. Traducción de Ana Rosa Núñez.
13 Poemas, de José Mario.
Venías, de Roberto Valero.
Un caduco calendario, La luz bajo sospecha y Érase una vez una anciana, de Pancho Vives.
Confesiones eróticas y otros hechizos, de Daína Chaviano.
Oscuridad Divina, Polvo de Ángel y Autorretrato en ojo ajeno, de Carlota Caulfield.
Hermana, Hemos llegado a Ilión, Hermana/Sister y Dos mujeres de Magali Alabau.
Altazora acompañando a Vicente, Merla y Quemando Luces, de Maya Islas.
Delirio del Desarraigo (2ª ed.) y *Psicalgia/Psychalgie*, de Juan José Cantón y Cantón.
Noser y Sin una canción desesperada, de Mario G. Beruvides.
Los Hilos del Tapiz y La Resaca del Absurdo, de David Lago González.
Blanca Aldaba Preludia, de Lourdes Gil.
Tropel de espejos, de Iraida Iturralde.
Puntos de apoyo, de Pablo Medina.
Hasta agotar el éxtasis, de María Victoria Reyzábal.
Señales para hallar ese extraño animal en el que habito, de Osvaldo R. Sabino.
Leyenda de una noche del Caribe, Vigil / Sor Juana Inés / Martí, Bajel último y otras obras y Calles de la tarde, de Antonio Giraudir.
Cuaderno de Antinoo, de Alberto Lauro.
Poesía desde el paraíso, Cosas sagradas y Resaca de nadas y silencios, de Orlando Fondevila.
Memoria de mí, de Orlando Rosardi.
Equivocaciones, de Gustavo Pérez Firmat.
Fiesta socrática, Versos como amigos y Los silencios del rapsoda, de Florence L. Yudin.
Hambre de pez, de Luis Marcelino Gómez.
Juan de la Cruz más cerca, Batiburrillo y Canciones y Ocurrencias y más canciones, de José Puga Martínez.
Cuerpo divinamente humano, de León de la Hoz.
Hombre familiar o Monólogo de las Confesiones y Bajó lámparas festivas, de Ismael Sambra Haber.

Mitologuías, de María Elena Blanco.
Entero lugar e *Íntimo color*, de Laura Ymayo Tartakoff.
La Ciudad Muerta de Korad, de Oscar Hurtado.
No hay fronteras ni estoy lejos;... Se ríe de esquina peligrosa, ¿Qué porcentaje de erotismo tiene tu saliva?, Una cruz de ceniza en el aliento, Que un gallo me cante para morir en colores,... Y se te morirán las manos vírgenes de mí, No sé si soy de agua o de tu ausencia y *La cadena perpetua de nunca olvidarte*, de Roberto Cazorla.
Oasis, de José Ángel Buesa.
Versos sencillos, de José Martí.
Voces que dictan, de Eugenio A. Angulo.
Tantra Tanka, de Arístides Falcón Paradí.
La casa amanecida y *El invitado*, de José López Sánchez-Varos.
Sombras imaginarias, Vigilia del aliento y *Sigo zurciendo las medias de mi hijo*, de Arminda Valdés-Ginebra.
De_Dos que el amor conocen, de Pedro Flores y Lidia Machado.
Rosas sobre el cemento (Poemario de la primera mitad del siglo), de Carlos Pérez Casas.
Catavientos, de Lola Martínez.
País de agua, de Carlos E. Cenzano.
Desde los límites del Paraíso y *Alicia en el Catálogo de Ikea-La noche de Europa*, de José Manuel Sevilla.
En las regiones del dios Pan, de Carlos Miguel González Garrido.
La flauta del embaucador, de Eduarda Lillo Moro.
Madona, de Jaume Mesquida.
Poemas a ese otro amor, Desencuentros, Símpatos, Sentimientos y *Huellas*, de Víctor Monserrat.
Los vencidos, de Joaquín Ortega Parra.
El viaje de los elegidos, de Joaquín Gálvez.
Una suma de frágiles combates, de Lucía Ballester.
Lo común de las cosas, de Ricardo Riverón Rojas.
Melodías de mujer, de Joely R. Villalba.
La guadaña de oro y *Jesús,tú eres mi alegría* y *El hotel de los lunes*, de José Villacís.
Amaos los unos a los otros, de Oscar Piñera Arenas.
Numeritos y palabras, de Roberto Ferrer.
Afuera, de Camilo Venegas.
Vendedor de espejos, de Eliecer Barreto Aguilera.
Hasta el presente (Poesía casi completa) y *Otro fuego a liturgia*, de Alina Galliano.
Fugitiva del tiempo, de Emilia Currás.
Cuba, sirena dormida, Refranero español de décimas y *Hontanar. Antología de décimas*, de Evelio Domínguez.
La memoria donde ardía, de Olga Guadalupe.
Contemplación. Thoughts and Poems, de Ileana González Monserrat.
Tribunal de sombras, de Guillermo Arango.
Las palabras viajeras, de Aimée G. Bolaños.